NIVELL II

# Navegant pel riu

## ELS RIUS AL PAISATGE

El projecte **Navegant pel riu** és una obra col·lectiva concebuda, dissenyada i creada al Departament d'Edicions Educatives de Grup Promotor / Santillana Educación, S. L., dirigit per Teresa Grence Ruiz i Pere Macià Arqué.


Hi ha participat l'equip següent:

TEXT
Mar García González
Lluïsa March Soler

EDICIÓ
Mar García González

IL·LUSTRACIÓ
Jorge Arranz
Pau Valls

DIRECCIÓ DEL PROJECTE
Lourdes Etxebarria Orella

DIRECCIÓ I COORDINACIÓ EDITORIAL DE PRIMÀRIA
Maite López-Sáez Rodríguez-Piñero



SantillanaProjectes

# Navegant pel riu

Quants animals i quantes plantes que viuen a prop del riu ets capaç d'anomenar? La seva aigua està plena de vida: salmons, truites, barbs, granotes, colobres, cucuts, pollancres, salzes... Però saps que els rius poden «emmalaltir» si no en tenim cura?

Et convidem a submergir-te al riu per conèixer tots els secrets que guarden les seves ribes i a bussejar per la seva aigua i descobrir els problemes que l'amenacen.

Si vols convertir-te en un metge molt especial, capaç de detectar problemes i de promoure accions per guarir rius «malalts», acompanya'ns en aquesta aventura i navega amb nosaltres pel riu.

# Etapes del projecte

Al llarg d'aquest projecte tindràs l'oportunitat de viure una gran aventura que constarà de tres etapes diferents.

**1**

El **punt de partida** marca l'inici del viatge. T'ajudarà a saber on arribaràs i què necessitaràs durant el camí.

**2**

Les **tasques d'investigació** et conviden a convertir-te en un detectiu disposat a buscar, seleccionar i organitzar la informació.

**3**

**Acabem el projecte** és l'última etapa del viatge. Hi aplicaràs el que has après per portar a terme amb èxit el repte final que et proposem.

**1**

## PUNT DE PARTIDA

1

# PUNT DE PARTIDA

SOS!

# SOS! EL RIU ENS NECESSITA

## TE N'HAS ASSABENTAT?

El **RIU** està malalt
i necessita vigilància intensiva.
Els joncs i la boga han desaparegut
i, al seu lloc, «creixen» les escombraries.
L'aigua baixa bruta i els peixos brillen
per la seva absència.

Ara més que mai és necessari
que sumem esforços perquè
el **RIU** recuperi la salut.
Recorda: el **RIU** et necessita.

**Ajuda'ns a salvar-lo!**

**Què significa per a vosaltres que un riu està «malalt»?**

- No creixen plantes a les ribes.
- A l'aigua no hi ha peixos
- L'aigua no és transparent.
- Hi ha un hospital molt a prop del riu.
- El riu amb prou feines porta aigua.
- Les escombraries suren a l'aigua.

**CONCLUSIONS:**

**Esbrineu quines conseqüències tenen aquestes accions per als rius. Després, comenteu què us semblen aquests comportaments i anoteu-ne les conclusions.**

A

Algunes indústries llencen a l'aigua del riu substàncies perjudicials per a tots els éssers vius.

B

Hi ha persones que compren mascotes exòtiques i quan se'n cansen les abandonen al riu, encara que aquest no sigui el seu hàbitat.

C

A la riba del riu s'acumulen les escombraries que els excursionistes no recullen abans de tornar a casa.

D

Alguns pescadors no compleixen la llei i pesquen en zones on està prohibit.

**QUINES EN SÓN LES CONSEQÜÈNCIES?**

A ____________________

B ____________________

C ____________________

D ____________________

**QUÈ ENS SEMBLEN AQUESTS COMPORTAMENTS?**

A ____________________

B ____________________

C ____________________

D ____________________

**Inventa un superheroi o una superheroïna la missió del qual sigui protegir els rius i el seu entorn.**

- Com seria?
- Quines qualitats hauria de tenir?
- Quins serien els seus poders?...

**Trets físics**

**Qualitats**

**Poders**

- Imagina i escriu una història en la qual el teu superheroi o la teva superheroïna hagi de salvar un riu o el seu entorn d'un perill greu. Pots il·lustrar el relat amb un dibuix.

**Debateu aquestes qüestions.**

- Per a què creieu que els éssers vius necessitem els rius?
- Què n'obtenim?

Després, escriviu cada utilitat del riu en una cartolina que podeu col·locar en un lloc visible de l'aula.

Reserveu un espai en blanc per a altres usos del riu que anireu descobrint durant el projecte!

**CONNECTA IDEES** — Busqueu el text de la *Carta europea de l'aigua* i llegiu-ne els tres primers articles. Reflexioneu sobre el que volen dir i anoteu el que us suggereixin aquests textos.

1. NO HI HA VIDA SENSE AIGUA

2. L'AIGUA POT ESGOTAR-SE

3. CONTAMINAR L'AIGUA SIGNIFICA DANYAR TOTS ELS ÉSSERS VIUS

**Ara, entre tots, responeu a aquestes preguntes.**

- Creieu que cal fer alguna cosa a favor dels rius per conservar-los en bon estat?
- Quines mesures podrien prendre els ajuntaments i el govern per millorar la salut dels rius?
- Què esteu disposats a fer vosaltres? Proposeu opcions i adopteu un compromís entre tots.

# QUÈ FAREM?

En aquest projecte navegarem pels rius per descobrir que són una font de vida per a molts animals i plantes, i un recurs imprescindible també per a les persones, perquè l'aigua dolça és escassa a la naturalesa.

Descobrirem, no obstant això, que molts cops l'aigua està amenaçada per les nostres accions i que, si no adoptem cap mesura per evitar-ho, els rius es deterioraran profundament.

**El treball final serà...**

## ORGANITZAR UNA JORNADA SOBRE LA PROTECCIÓ DELS RIUS

Per organitzar-la, caldrà que siguis un detectiu sagaç, que segueixis el curs del riu i que analitzis els problemes que observis a l'aigua i les ribes. Després, hauràs de promoure la conservació dels rius amb una campanya de sensibilització.

# QUÈ SABEM SOBRE L'AIGUA I ELS RIUS?

Pensa en els tres estats de l'aigua i completa aquesta taula.

| | GEL | AIGUA | VAPOR D'AIGUA |
|---|---|---|---|
| En quin estat es troba? | | | |
| Quan s'escalfa, a quin estat passa? | | | |
| Quan es refreda, a quin estat passa? | | | |

Quines parts té un riu? Escriu el que sàpigues de cada una. Després, dibuixa un riu des del naixement fins a la desembocadura i descriu-lo a un company o companya.

CURS ______________

______________________________

______________________________

CURS ______________

______________________________

______________________________

CURS ______________

______________________________

______________________________

Imagineu que demà no hi hagués aigua ni a casa ni a l'escola. Quines activitats no podríeu fer? Comenteu-ho.

# QUÈ ENS CAL SABER-NE?

**Descobrir** d'on ve l'aigua i la importància que té per als éssers vius.

**Identificar** les fases del cicle de l'aigua.

**Investigar** les conseqüències de l'escassetat d'aigua dolça per als éssers vius.

**Identificar** els llocs de la naturalesa en els quals hi ha aigua i diferenciar entre aigua salada, aigua dolça i aigua potable.

**Localitzar** en mapes els rius principals de l'entorn i el vessant al qual pertanyen.

**Esbrinar** quins animals i plantes viuen al riu.

**Conèixer** les parts i els elements d'un riu.

**Analitzar** la relació entre els rius i algunes activitats humanes.

**Conèixer** la història d'alguns rius.

**Comprendre** per què cal conservar i protegir els rius i el seu entorn.



## QUINES ALTRES COSES EN VOLEM SABER?

# COM ENS ORGANITZAREM?

**Per fer les tasques d'investigació cal organitzar equips de treball.**

Haureu d'escollir un nom per a l'equip i decidir quines funcions farà cada membre.

Aquí teniu algunes idees.

**SECRETARI**
Prendrà nota de les decisions del grup

**PORTAVEU**
Presentarà els treballs de l'equip

**COORDINADOR**
S'encarregarà de repartir el treball

**SUPERVISOR**
Controlarà el temps

**NOM DE L'EQUIP:**

| MEMBRES | FUNCIÓ |
|---|---|
| | |
| | |
| | |
| | |

**CALENDARI DE TREBALL**

| SETMANES | TASQUES |
|---|---|
| Setmana 1 | |
| Setmana 2 | |
| | |
| | |

Al llarg del projecte, podeu intercanviar els papers entre vosaltres.

També caldrà acordar amb el mestre o la mestra el temps de què disposeu per a la realització del projecte.

Haureu de planificar amb l'equip el calendari de treball.

2

# TASQUES D'INVESTIGACIÓ

# DESCOBRIM D'ON VE L'AIGUA

TASCA

Per a què utilitzes l'aigua cada dia?
Enumera les activitats en les quals uses aigua.

- Compara la llista amb la dels companys.

A quins llocs de l'escola hi ha aigua? Marca les caselles correctes.

| | | |
|---|---|---|
| ○ Laboratori | ○ Gimnàs | ○ Aules |
| ○ Pati | ○ Banys | ○ Menjador |
| ○ Secretaria | ○ Piscina | ○ Biblioteca |



Encercleu els llocs en els quals podem trobar aigua a la naturalesa.

- Esbrineu d'on ve l'aigua que utilitzeu a casa.

**Investiga i completa les fitxes.**

| AIGUA SALADA | AIGUA DOLÇA | AIGUA POTABLE |
|---|---|---|
| • Què és? ______ ______ | • Què és? ______ ______ | • Què és? ______ ______ |
| • On es troba? ______ ______ | • On es troba? ______ ______ | • On es troba? ______ ______ |

- Localitza cada tipus d'aigua al dibuix de l'activitat anterior.

**Feu una enquesta a tres companys o companyes de l'escola sobre com utilitzen l'aigua en la seva vida diària.**

### ELS USOS DE L'AIGUA

- Què prefereixes: dutxar-te o donar-te un bany? ______
- Trigues més de cinc minuts a dutxar-te? ○ Sí ○ No
- Quan beus, llences l'aigua que et sobra al got? ○ Sí ○ No
- Et raspalles les dents amb l'aixeta oberta? ○ Sí ○ No
- Tapes l'aigüera quan et rentes les mans? ○ Sí ○ No
- Deixes l'aixeta oberta mentre beus aigua? ○ Sí ○ No
- T'assegures de tancar bé les aixetes? ○ Sí ○ No
- Utilitzes el vàter com a paperera? ○ Sí ○ No
- Utilitzes l'aigua per jugar? ○ Sí ○ No

- Analitzeu les respostes que heu anotat i valoreu si fan un bon ús de l'aigua.

______

______

**Informa-te'n i completa aquest gràfic amb la quantitat d'aigua de cada tipus que hi ha al planeta. Segueix les instruccions de la llegenda.**

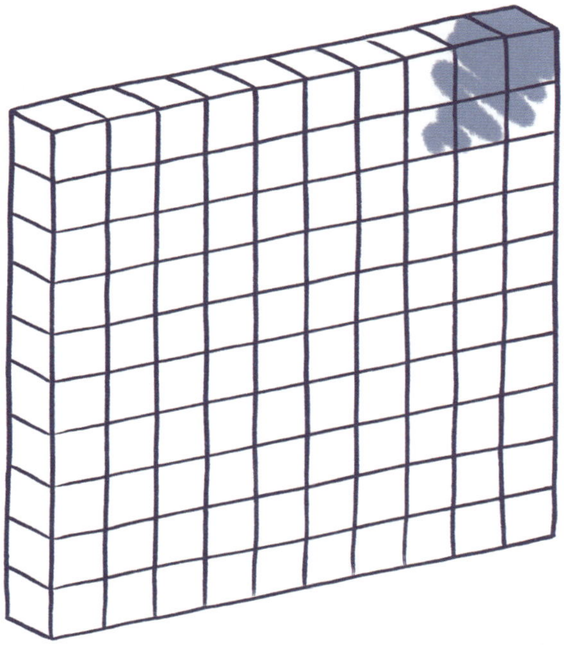

LLEGENDA
- Aigua salada
- Aigua dolça



**CONNECTA IDEES** — Observa el gràfic que has elaborat i reflexiona-hi.

Quin tipus d'aigua és més abundant a la Terra? ______

Es pot beure? Per què? ______

Tota l'aigua dolça es pot beure? ______

Imagina que no tinguessis aigua.
Quin líquid podries utilitzar per realitzar aquestes activitats?

- Rentar-te el cap: ______
- Abeurar una mascota: ______
- Regar les plantes: ______
- Esbandir-te la boca després de raspallar-te les dents: ______

És important l'aigua per a la vida? Per què? ______

Busca el significat de les paraules següents.

L'aigua, a la naturalesa, es troba en estat sòlid, líquid i gasós.

- Fusió: 
- Evaporació: 
- Solidificació: 
- Condensació: 

Observeu els passos de l'experiment següent. Després, descriviu el que ha passat i responeu a la pregunta.

- Quin procés s'ha produït? Marca'l.

  - ◯ evaporació
  - ◯ fusió
  - ◯ condensació

Quin canvi d'estat de l'aigua s'ha produït? Expliqueu-ho.

Per què hi ha gotes d'aigua al mirall? Investigueu-ho i responeu.

Què passa si fiquem aigua al congelador
i la traiem dues hores després? Dibuixa-ho.

- Aquest canvi d'estat de l'aigua es denomina ______

Completa l'esquema.

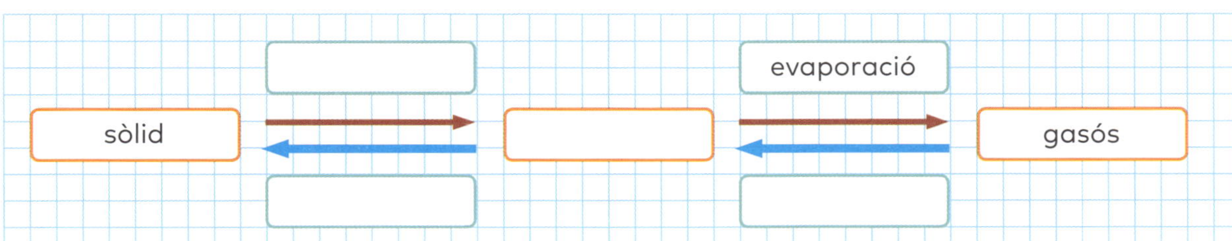

**Busca la làmina del cicle de l'aigua i completa-la amb aquests textos.**

| | | |
|---|---|---|
| L'aigua penetra el sòl i forma aigües subterrànies. | **Precipitació:** l'aigua dels núvols cau a la terra. | L'aigua dels rius i barrancs va fins al mar. |
| **Evaporació:** l'aigua s'evapora i forma vapor d'aigua. | Els núvols es mouen arrossegats pel vent. | **Condensació:** el vapor d'aigua es condensa i forma els núvols. |

**Prepareu una presentació sobre el cicle de l'aigua.**

- Mostreu les vostres làmines i descriviu el camí de l'aigua a la naturalesa.
- Assenyaleu en quin estat es troba l'aigua en cada moment.
- Expliqueu per què es diu que l'aigua a la naturalesa està sempre en moviment.
- Redacteu dues preguntes per formular-les a la resta dels grups quan realitzin la seva presentació.

1a pregunta: ______________________________

2a pregunta: ______________________________

**Confecciona un mural informatiu sobre la importància d'estalviar aigua.**

- Proposa mesures per estalviar aigua.
- Il·lustra el mural amb dibuixos o fotografies.

| REFLEXIONO SOBRE EL MEU TREBALL | MAI | DE VEGADES | SEMPRE |
|---|---|---|---|
| He esbrinat d'on ve l'aigua. | | | |
| He reconegut la importància de l'aigua per a la vida. | | | |
| He experimentat amb els canvis d'estat de l'aigua. | | | |
| He sabut explicar el cicle de l'aigua. | | | |

Què és el que més m'ha agradat de treballar en equip?

# ESBRINEM COM SÓN ELS RIUS

TASCA

**Retalla les targetes amb els dibuixos de les parts del riu i completa les fitxes de les definicions.**

MEANDRE: ____________

**Juga amb els companys a Aparellats.**

- Per jugar, barregeu, d'una banda, les targetes amb les imatges i, de l'altra, les fitxes amb les definicions; i col·loqueu-les de cara avall.
- El primer jugador donarà la volta a una targeta i a una fitxa amb definició. Si coincideixen, se les emporta; si no, torna a posar-les de cara avall i continua l'altre jugador.
- Guanya el jugador que aconsegueixi més parelles.

- Abans de començar a jugar, acordeu les regles i redacteu-les en un full. Per exemple:
  - Qui comença la partida: qui tregui més puntuació llançant un dau, qui guanyi a parells o senars…
  - Quina targeta s'aixeca primer, la de la imatge o la de la definició.
  - Què ocorre quan un jugador forma una parella: continua jugant o passa el torn al jugador següent.
  - Quants torns es perden si les dues targetes coincideixen i el jugador no les ha identificat…

REGLES DEL JOC

Identifica al dibuix aquests conceptes relacionats amb el riu.

| | | | |
|---|---|---|---|
| 1 Curs baix | 4 Meandre | 7 Afluent | 10 Delta |
| 2 Llac | 5 Curs alt | 8 Riu principal | 11 Aqüífer |
| 3 Naixement | 6 Pantà | 9 Curs mitjà | 12 Glacera |

Quins tres elements relacionats amb el riu comencen per la lletra c? Llegeix les fitxes i descobreix de què es tracta en cada cas.

Terreny pel qual discorre un riu principal i els seus afluents. → ____________

Recorregut que fa el riu des del naixement fins a la desembocadura. → ____________

Quantitat d'aigua que porta un riu. → ____________

El cabal d'un riu pot variar segons l'estació de l'any.

Observeu les fotografies, busqueu la informació que necessiteu i completeu el test.

A

B

- Quin tram del riu es veu en cada fotografia? Escriu la lletra.
  - ◯ curs alt
  - ◯ curs mitjà
  - ◯ curs baix
- Quin riu sembla més cabalós?
  - ◯ A
  - ◯ B
- En quina estació de l'any els rius solen portar més aigua?
  - ◯ tardor
  - ◯ estiu
  - ◯ primavera
  - ◯ hivern
- Si un riu té molt cabal a l'hivern i poc a l'estiu, com n'és el règim?
  - ◯ regular
  - ◯ irregular

Llegiu la notícia i completeu les activitats.

## Alerta: el riu baixa sec

Quan arriba l'estiu, la localitat de Tossal de Dalt s'omple de visitants que trien el riu Aiguablava per passar el cap de setmana.

Desgraciadament, molts d'aquests visitants no saben comportar-se: arrenquen branques dels arbres, desprenen roques i col·loquen sacs plens de sorra a la meitat del riu per retenir l'aigua i banyar-se més còmodament.

Aquesta actitud provoca danys importants al riu. El cabal en aquesta època és escàs i, si a més algú reté l'aigua, hi ha trams que es queden pràcticament secs i els peixos i les plantes no disposen de l'aigua suficient per sobreviure.

No obstant això, altres persones preocupades per l'estat del riu empren el temps lliure en…

- Realitzeu un debat sobre els problemes que poden sorgir si un riu s'asseca. Parleu sobre com la calor, l'escassetat de pluges i el comportament de les persones afecten els rius.
- Acabeu l'últim paràgraf de la notícia amb un final positiu.
- Dissenyeu un cartell en el qual expliqueu què ocorre quan el riu perd el cabal i pengeu-lo a la classe.

| REFLEXIONO SOBRE EL MEU TREBALL | MAI | DE VEGADES | SEMPRE |
|---|---|---|---|
| He identificat les parts i els elements dels rius. | | | |
| He après com el comportament de les persones pot beneficiar o perjudicar els rius. | | | |
| He col·laborat amb l'equip per elaborar els treballs d'aquesta tasca. | | | |

Quines coses noves he après en el desenvolupament d'aquesta tasca?

# RECORREM EL RIU

TASCA

Busca informació i completa els esquemes.

## CURS ALT DEL RIU

**PAISATGE**

- Tipus de paisatge:
  - ☐ muntanya
  - ☐ plana
  - ☐ costa
- En aquest tram, el riu:
  - ☐ erosiona
  - ☐ transporta
  - ☐ sedimenta

**AMPLITUD DEL LLIT**

______________________

______________________

ENGANXA-HI UNA FOTO

**CABAL**

- Velocitat de l'aigua: ______________________
- Quantitat d'aigua: ______________________

## CURS MITJÀ DEL RIU

**PAISATGE**

- Tipus de paisatge:
  - ☐ muntanya
  - ☐ plana
  - ☐ costa
- En aquest tram, el riu:
  - ☐ erosiona
  - ☐ transporta
  - ☐ sedimenta

**AMPLITUD DEL LLIT**

______________________

______________________

ENGANXA-HI UNA FOTO

**CABAL**

- Velocitat de l'aigua: ______________________
- Quantitat d'aigua: ______________________

**CURS BAIX DEL RIU**

**PAISATGE**

- Tipus de paisatge:
  - ☐ muntanya
  - ☐ plana
  - ☐ costa
- En aquest tram, el riu:
  - ☐ erosiona
  - ☐ transporta
  - ☐ sedimenta

**AMPLITUD DEL LLIT**

_______________

_______________

ENGANXA-HI UNA FOTO

**CABAL**

- Velocitat de l'aigua:

_______________

- Quantitat d'aigua:

_______________

**Explica a la teva parella en quin tram del riu podríeu veure els elements següents.**

Delta | Estuari | Meandre

**Elaboreu una maqueta que representi el curs d'un riu.**

- De primer, feu un esbós de la maqueta.
- No oblideu assenyalar els trams i els elements del riu.
- Prepareu una presentació i descriviu la maqueta.

## REFLEXIONO SOBRE EL MEU TREBALL

| | MAI | DE VEGADES | SEMPRE |
|---|---|---|---|
| He identificat les característiques i els paisatges de cada tram d'un riu. | | | |
| He sintetitzat la informació en esquemes. | | | |
| He col·laborat amb l'equip per elaborar els treballs d'aquesta tasca. | | | |

Què m'ha resultat més fàcil en el procés d'elaboració de la maqueta?

# CONEIXEM ELS HABITANTS DEL RIU

TASCA

Esbrina quins animals i plantes viuen al riu i escriu-ne els noms.

1 ____________ 5 ____________ 9 ____________

2 ____________ 6 ____________ 10 ____________

3 ____________ 7 ____________ 11 ____________

4 ____________ 8 ____________ 12 ____________

Classifiqueu els animals i les plantes del dibuix en aquestes taules.

| PLANTES | | |
|---|---|---|
| Arbres | Arbustos | Herbes |
| | | |

- Abans de completar les taules corresponents als animals, explica al teu company o companya en què es diferencien els animals invertebrats i els vertebrats.

| ANIMALS INVERTEBRATS | |
|---|---|
| Crustacis | Insectes |
| | |

| ANIMALS VERTEBRATS | |
|---|---|
| Peixos | Amfibis |
| | |
| Aus | Mamífers |
| | |

- Esbrineu si algun dels éssers vius que heu classificat està en perill d'extinció i per què ho està.

**Elaboreu el *Quadern dels habitants del riu*.**

- Dissenyeu la portada del vostre *Quadern*.
- El *Quadern* ha de tenir tres apartats principals:
  - Plantes.
  - Animals invertebrats.
  - Animals vertebrats.
- Completeu una fitxa per a cada planta o animal. A més dels que heu classificat, hi heu d'afegir, almenys, una planta i un animal més.

ENGANXEU-HI UNA FOTO O DIBUIXEU-HI LA PLANTA O L'ANIMAL CORRESPONENT

**Nom comú:** ____________________

**Nom científic:** ____________________

**Descripció:**

- Com és? ____________________
- On viu? ____________________
- Està en perill d'extinció? Per què? ____________________

**Debateu sobre què els passaria a les plantes i els animals que necessiten el riu per viure en els casos següents.**

- Si hi hagués una sequera forta.
- Si una indústria aboqués residus al riu.
- Si la depuradora d'una ciutat propera deixés de funcionar.
- Si s'abandonessin al riu mobles, electrodomèstics...
- Si es talessin tots els arbres que creixen a les ribes.

**CONCLUSIONS**

| REFLEXIONEM SOBRE EL NOSTRE TREBALL | MAI | DE VEGADES | SEMPRE |
|---|---|---|---|
| Hem identificat les plantes i els animals que viuen al riu. | | | |
| Hem estat capaços de classificar i descriure plantes i animals. | | | |
| Hem descobert quines accions poden perjudicar les plantes i els animals que habiten el riu i el seu entorn. | | | |
| Ens hem ajudat entre nosaltres. | | | |
| Hem escoltat i respectat les opinions que han expressat els altres. | | | |

Quin aspecte ens ha semblat més interessant a l'hora de realitzar aquesta tasca?

# EXPLOREM ELS RIUS DE L'ENTORN

TASCA

Quins d'aquests rius passen per Catalunya? Busca'n informació, si et cal, i marca les respostes correctes.

- ☐ Ter
- ☐ Volga
- ☐ Segre
- ☐ Fluvià
- ☐ Rin
- ☐ Besòs
- ☐ Noguera Ribagorçana
- ☐ Guadiana
- ☐ Francolí
- ☐ Llobregat
- ☐ Segura
- ☐ Ebre
- ☐ La Tordera
- ☐ Noguera Pallaresa



- Quins dels rius catalans que has marcat són afluents d'un altre riu? De quin? Observa un mapa de rius i completa l'esquema.

RIUS DE CATALUNYA

RIUS PRINCIPALS

AFLUENTS DEL RIU ____________

**Completa el mapa mut dels rius de Catalunya.**

- De primer, localitza-hi el curs de cada riu.
- Després, escriu en majúscula el nom dels rius principals i en minúscula el nom dels afluents.

**Busqueu informació i completeu aquesta fitxa sobre el riu Ebre.**

RIU EBRE

- Neix a: ______________________
- Desemboca a: ______________________
- Afluents: ______________________
- Localitats per on passa: ______________________

- Ara confeccioneu un *Atles dels rius de Catalunya*.
  - Elaboreu una fitxa com l'anterior per a cada un dels rius de Catalunya.
  - Copieu el traçat del curs de cada riu i situeu on correspongui el nom del lloc on neix, les ciutats principals per les quals passa, els afluents, si en té, i el riu o mar on desemboca. Si voleu, podeu acompanyar el traçat amb fotos o dibuixos al·lusius.
  - Ordeneu els rius principals de nord a sud. Col·loqueu les fitxes dels afluents darrere de la del riu en el qual desemboquen.
  - Dissenyeu una portada per a *l'Atles*.
  - Enquaderneu totes les pàgines com si fos un llibre.

On desemboquen aquests rius? Observa un mapa d'Espanya i completa la taula.

| RIU | DESEMBOCA A... | RIU | DESEMBOCA A... |
|---|---|---|---|
| Miño | | Saja | |
| Ter | | Guadiana | |
| Nalón | | Guadalquivir | |
| Ebre | | Segura | |
| Duero | | Nerbion | |
| Xúquer | | Tajo | |

- Ets capaç de classificar els rius anteriors per vessants? Completa l'esquema.

Tots els rius que desemboquen en un mateix mar o oceà pertanyen al mateix vessant.

VESSANTS D'ESPANYA

| VESSANT CANTÀBRIC | VESSANT ATLÀNTIC | VESSANT MEDITERRANI |
|---|---|---|
| | | |

**Completa el mapa mut dels rius d'Espanya.**

- De primer, escriu el nom dels principals rius d'Espanya on correspongui.
- Després, identifica-hi els tres vessants.
- Finalment, acoloreix els vessants com s'indica a la llegenda.

**Inventeu una endevinalla relacionada amb els rius d'Espanya i porteu a terme una competició per equips.**

| REFLEXIONO SOBRE EL MEU TREBALL | MAI | DE VEGADES | SEMPRE |
|---|---|---|---|
| He identificat els rius principals de Catalunya i les seves característiques. | | | |
| He localitzat en un mapa els rius i els vessants d'Espanya. | | | |
| He participat en l'elaboració de l'*Atles dels rius de Catalunya*. | | | |

Com he organitzat el meu treball?

**CONNECTA IDEES** — **Observeu com arriba l'electricitat a les cases. Després, busqueu-ne informació i responeu a les preguntes.**

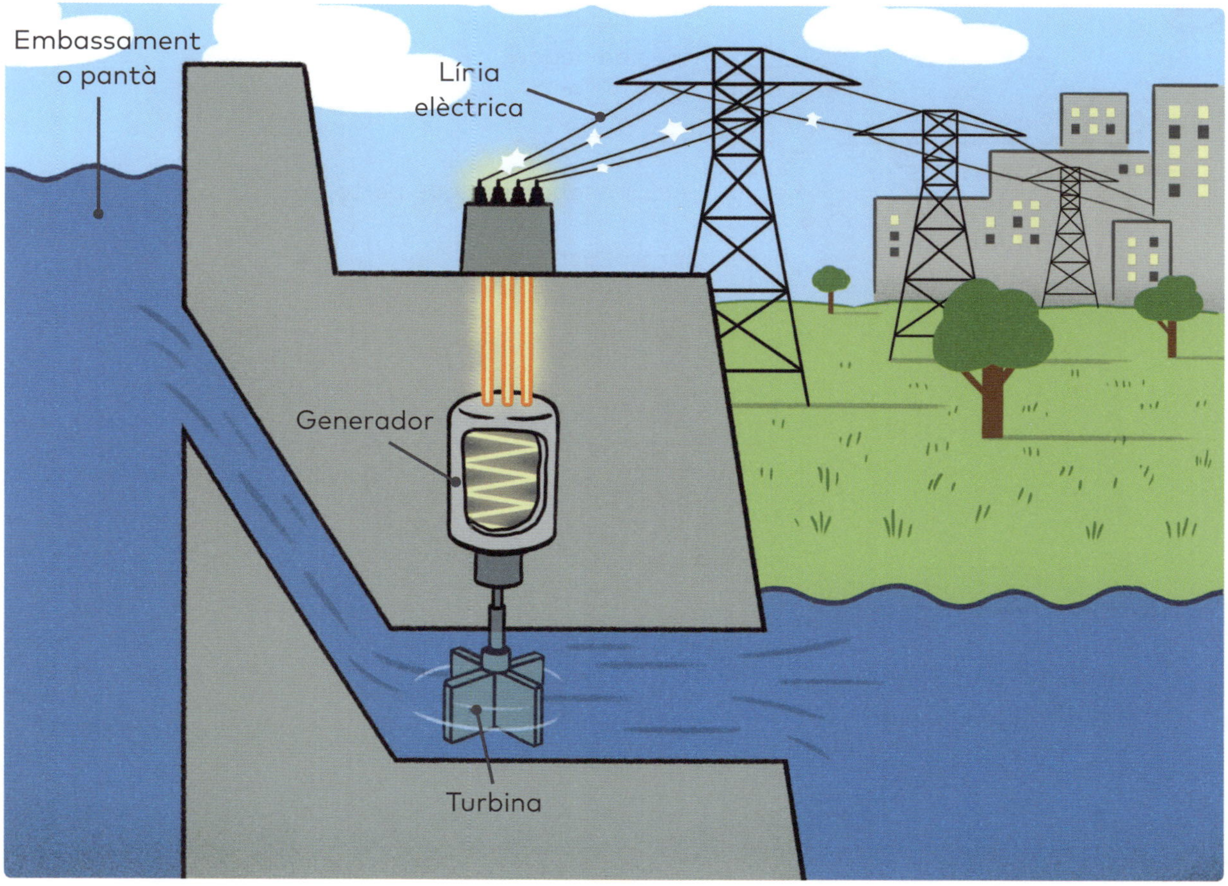


- Què és una central hidroelèctrica? Com funciona?

- Fes un guió i explica al teu company o companya quina relació tenen les centrals hidroelèctriques i els rius.

Esbrina quins són els tres pantans amb més capacitat d'Espanya i completa la fitxa.

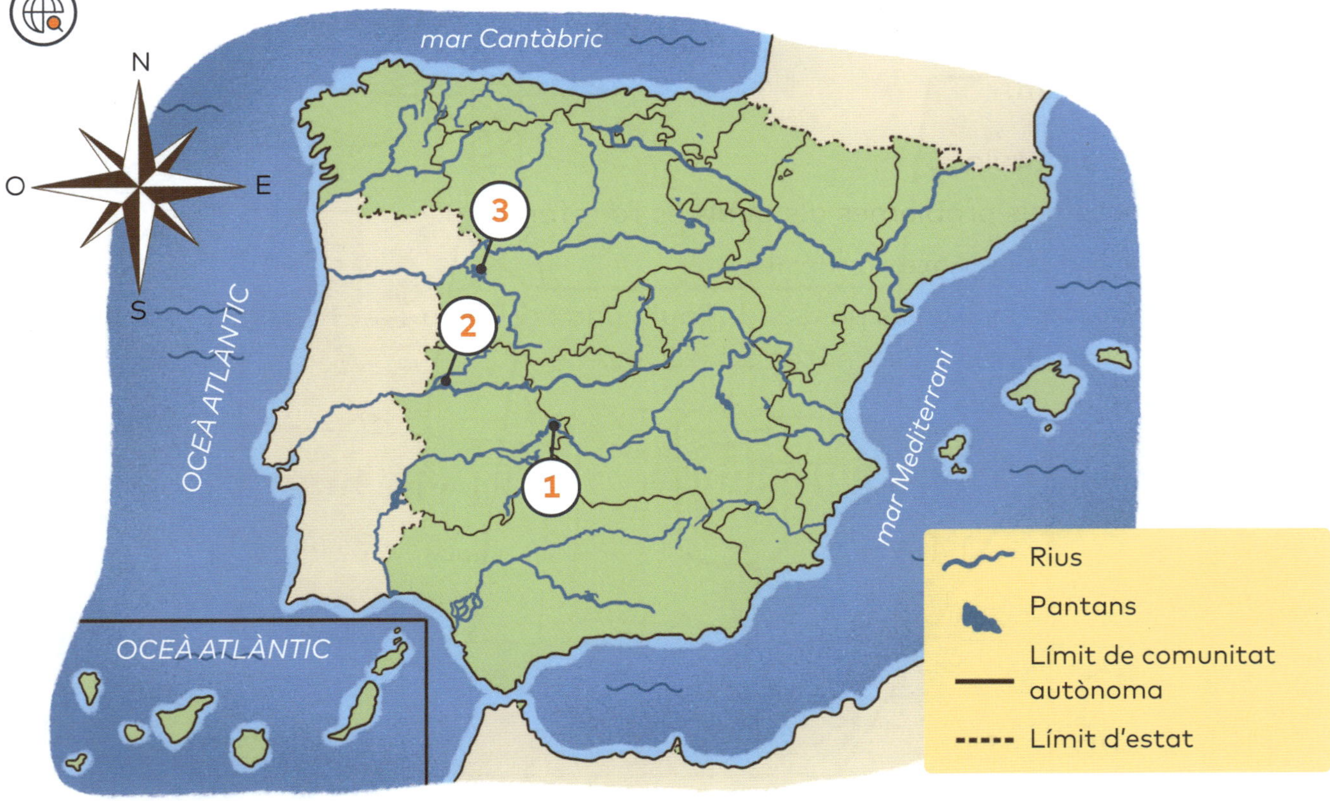


**1**
- Pantà: ______
- Riu: ______
- Comunitat autònoma: ______

**2**
- Pantà: ______
- Riu: ______
- Comunitat autònoma: ______

**3**
- Pantà: ______
- Riu: ______
- Comunitat autònoma: ______

Feu una presentació del vostre pla de negoci al costat del riu.

## REFLEXIONO SOBRE EL MEU TREBALL

| | MAI | DE VEGADES | SEMPRE |
|---|---|---|---|
| He identificat treballs i sectors econòmics. | | | |
| He comprès la importància dels rius per a les persones. | | | |

Quin aspecte m'ha semblat més interessant?

# PROTEGIM ELS RIUS

TASCA

**Ens informem.**

- Llegiu els titulars.
- Detecteu els problemes als quals es fa referència.
- Escriviu-los en notes adhesives.
- Pengeu en una de les parets de l'aula una cartolina gran i enganxeu-hi les notes adhesives.

Escombraries acumulades a la riba del riu.

**Els rius no són contenidors**

Els excursionistes obliden al riu paelles, bombones de butà i fins i tot cafeteres

**El riu blau és vermell**

Abocaments industrials canvien el color de l'aigua i posen en perill la vida del riu

**Què sura al llac?**

L'aigua de les clavegueres es llença al riu sense depurar

**El consum d'aigua esgota el riu**

No tancar l'aixeta deixa el riu sense aigua



**Analitzem els problemes. Com perjudiquen el riu aquestes accions?**

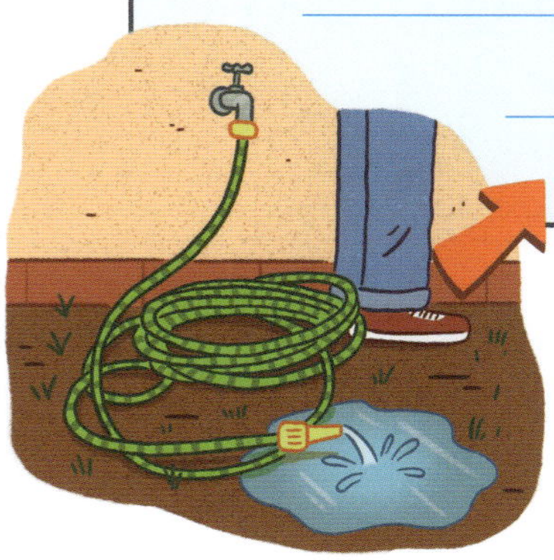

Extraiem conclusions. Comenteu i expliqueu quines conseqüències té per als éssers vius la contaminació dels rius.

PER ALS ANIMALS

PER A LES PLANTES

PER A LES PERSONES

## Proposem mesures.

- **Mesures de recuperació.** Observeu les fotografies, busqueu-ne informació i completeu la fitxa.

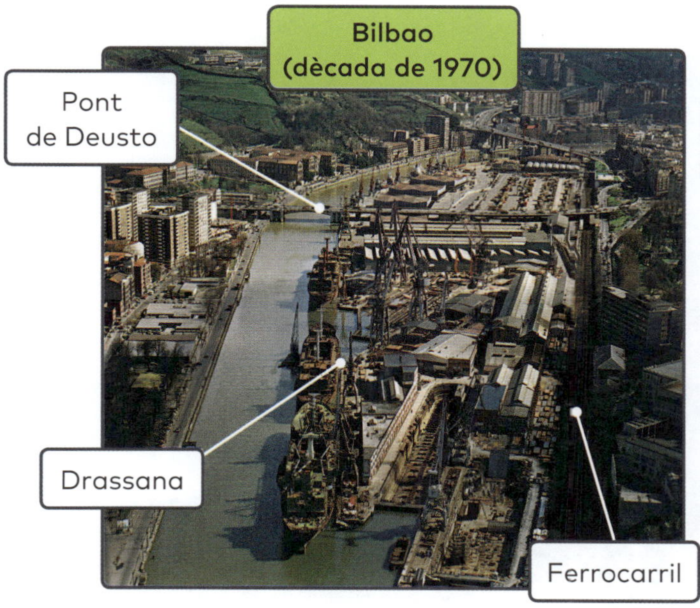


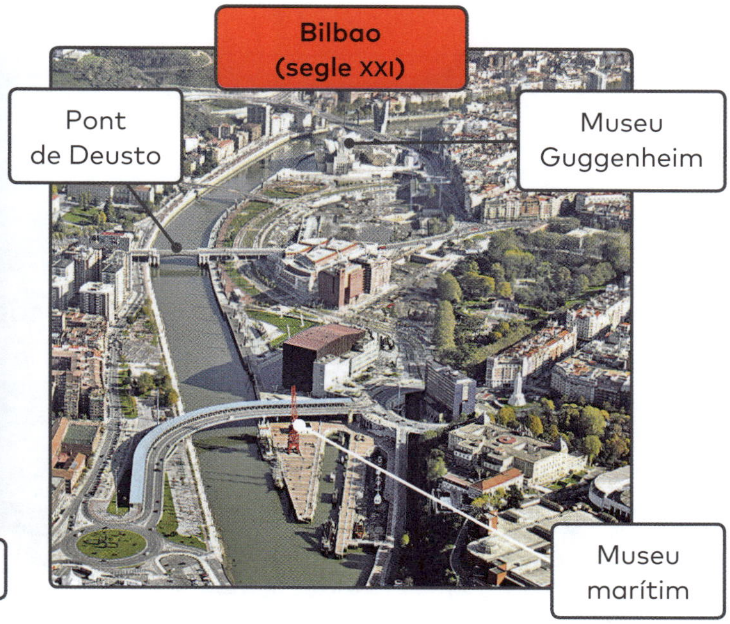


- Riu que passa per Bilbao: ______________________________
- Vessant a què pertany: ______________________________
- Curs del riu al seu pas per Bilbao:

☐ alt ☐ mitjà ☐ baix

- CONNECTA IDEES — La ria té el mateix aspecte a les dues fotografies? A què creieu que es deuen aquestes diferències?

______________________________

______________________________

______________________________

______________________________

______________________________

______________________________

- **Mesures de neteja.**
  - Esbrineu què és el cicle integral de l'aigua.

  - Investigueu què és una depuradora i descobriu com funciona.
  - Observeu el dibuix i escriviu cada nombre al lloc corresponent.

1 Captació
2 Potabilització
3 Emmagatzematge
4 Distribució
5 Consum
6 Clavegueram
7 Depuració
8 Reutilització
9 Retorn

- Amb tot el que heu esbrinat i amb l'ajuda del dibuix, prepareu una exposició oral per explicar el paper que juguen les depuradores en la recuperació dels rius.

Coneixeu un altre procés en el qual s'usi l'aigua que s'emmagatzema als embassaments?

## Mesures de protecció.

- Esbrineu la diferència entre un parc natural i un parc nacional.
- Busqueu informació i completeu el mapa dels parcs naturals de Catalunya. Després, feu el mateix amb els parcs nacionals d'Espanya.
- Informeu-vos sobre el parc nacional d'Aigüestortes i Estany de Sant Maurici i marqueu les fotografies que es corresponen amb la seva descripció.

- Completeu la taula.

| PARC NACIONAL D'AIGÜESTORTES I ESTANY DE SANT MAURICI | |
|---|---|
| On es troba? | |
| A quina comunitat autònoma? | |
| Des de quan és parc nacional? | |
| Quins rius travessen el parc? | |
| Quines espècies d'animals hi viuen? | |
| Quines espècies de plantes hi destaquen? | |

- Debateu per què és important protegir els espais naturals.

● **Mesures per educar.**

En moltes ocasions, activitats tan simples com tancar l'aixeta a temps ajuden a frenar la deterioració dels rius. Per això, és molt important explicar a altres persones d'on ve l'aigua que utilitzem cada dia i què podem fer per no malgastar-la.

Seríeu capaços d'elaborar una proposta per donar a conèixer a la resta de l'escola que l'estalvi d'aigua salva els rius?

1. Penseu en deu bones idees amb les quals es poden salvar rius.

2. Inventeu-vos un eslògan atractiu i escolliu una mascota per identificar la vostra proposta.

3. Dissenyeu un decàleg: escriviu les deu idees, dibuixeu la mascota i destaqueu l'eslògan.

4. Escolliu un lloc visible de l'aula i pengeu-hi el decàleg.

| REFLEXIONEM SOBRE EL NOSTRE TREBALL | MAI | DE VEGADES | SEMPRE |
|---|---|---|---|
| Hem identificat els problemes que tenen els rius. | | | |
| Hem analitzat quina repercussió tenen els problemes dels rius en els éssers vius. | | | |
| Hem valorat algunes mesures per conservar els rius. | | | |
| Ens hem ajudat entre nosaltres. | | | |
| Hem escoltat i respectat les opinions dels altres. | | | |

Què hem après a l'hora de portar a terme aquesta tasca?

# EXPLIQUEM HISTÒRIES SOBRE ELS RIUS

TASCA

Observa, investiga i respon a les preguntes.

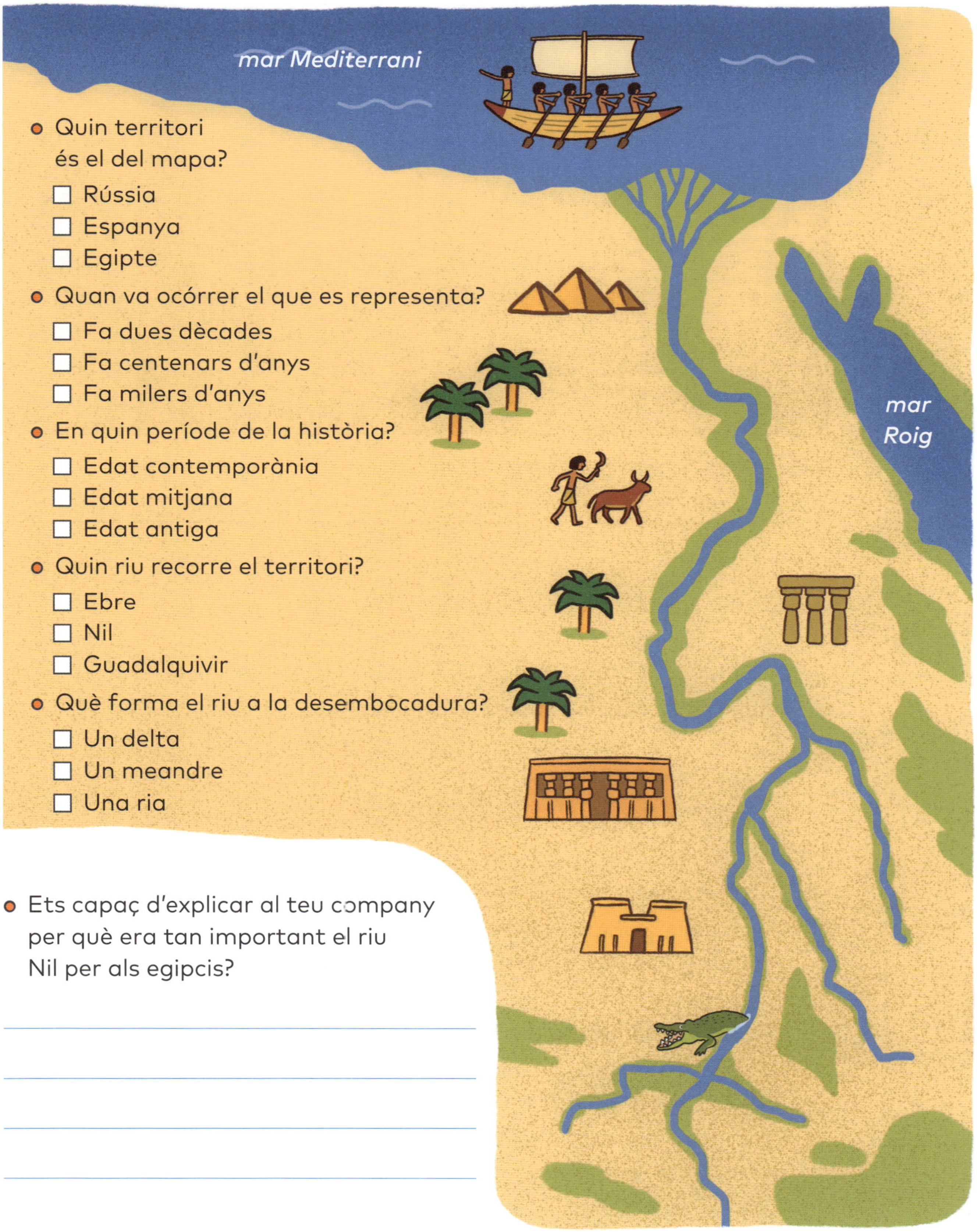


- Quin territori és el del mapa?
  - ☐ Rússia
  - ☐ Espanya
  - ☐ Egipte
- Quan va ocórrer el que es representa?
  - ☐ Fa dues dècades
  - ☐ Fa centenars d'anys
  - ☐ Fa milers d'anys
- En quin període de la història?
  - ☐ Edat contemporània
  - ☐ Edat mitjana
  - ☐ Edat antiga
- Quin riu recorre el territori?
  - ☐ Ebre
  - ☐ Nil
  - ☐ Guadalquivir
- Què forma el riu a la desembocadura?
  - ☐ Un delta
  - ☐ Un meandre
  - ☐ Una ria

- Ets capaç d'explicar al teu company per què era tan important el riu Nil per als egipcis?

______________________________

______________________________

______________________________

______________________________

**Els rius i el seu entorn han inspirat molts artistes.**

- Observeu aquestes dues pintures i completeu les fitxes.

J. B. Jongkind: *El Sena i Notre Dame de París.*

André Derain: *Westminster.*

Riu: ____________________

Ciutat: ____________________

Riu: ____________________

Ciutat: ____________________

- Feu una presentació sobre un d'aquests rius.
  - Escolliu un dels quadres i busqueu aquestes dades sobre el riu: on neix i on desemboca.
  - Indiqueu el país pel qual discorre i les ciutats importants per on passa.
  - Esbrineu dades sobre el pintor.
  - Descriviu el quadre: què es veu, com són els colors, què us suggereix. No oblideu esmentar els monuments que es representen a la pintura.
  - Redacteu un guió que us ajudi en la presentació.
  - Busqueu fotografies d'altres pintures en les quals aparegui aquest riu per utilitzar-les durant la presentació.
  - Presenteu el treball a classe i responeu a les preguntes dels companys.

**Els rius també són l'escenari de grans aventures. Llegeix aquest text i respon a les preguntes.**

*Tom Sawyer i Huckleberry Finn viuen a Sant Petersburg, una petita localitat al costat del riu Mississipí. El riu és el centre dels seus jocs, hi planegen i hi comencen la major part de les seves aventures, com aquella en què van decidir ser pirates.*

«Tom estava desolat: ningú no li feia cas, ningú no apreciava les seves bromes enginyoses, ningú no el comprenia... Però... i si fugia per fer-se pirata? Tots notarien la seva absència! Decidit: a partir d'aquest moment es dedicaria a la pirateria. L'endemà, Tom es va trobar amb el seu amic Joe Harper. Li va explicar la idea i Joe s'hi va unir. "Pirates a l'abordatge. Jo seré el Venjador negre del Carib i tu, el Terror dels mars", va cridar Tom. I junts van anar a buscar Huck, que era el més aventurer de tots els nois de Sant Petersburg, perquè també els acompanyés. I tal dit tal fet. Tots tres van acordar que la base d'operacions seria a l'illa de Jackson, que es trobava enmig del riu Mississipí, a cinc quilòmetres de Sant Petersburg, i que hi arribarien amb la balsa que hi havia abandonada a la riba. Un cop establerta la destinació, els tres amics van decidir salpar a mitjanit...».

Mark Twain: *Les aventures de Tom Sawyer*
(traducció i adaptació de la col·lecció «Geronimo Stilton»)

- De què tracta aquest text?

______________________________

______________________________

- Qui són els protagonistes? ______________________________

______________________________

- Qui va escriure la novel·la original? ______________________________
- Quin riu s'esmenta? ______________________________
- Busca informació sobre aquest riu i digues quin país travessa i a quin continent es troba.

______________________________

**Els rius són el tema central de composicions musicals inoblidables. Una de les més famoses és *Al bell Danubi blau*.**

- Escolta *Al bell Danubi blau* i esbrina:
  - Compositor d'*Al bell Danubi blau*: ______
  - Any en què la va compondre: ______
  - Ciutat en la qual es va inspirar: ______
  - País: ______

- És el primer cop que escoltes aquesta composició? Quan l'has escoltada abans?

______

______

- Torna a escoltar *Al bell Danubi blau* i descriu les sensacions que et produeix. Si ho prefereixes, pots fer-ne un dibuix.

**Busca informació sobre aquest riu i completa la fitxa.**

DANUBI

- Neix a: ______
- Desemboca a: ______
- Afluents: ______

______

- Completa la taula amb els noms dels països pels quals passa el Danubi i el de les seves capitals.

| PAÏSOS | CAPITALS |
|---|---|
| | |
| | |
| | |
| | |
| | |
| | |
| | |
| | |
| | |

- **CONNECTA IDEES** → Amb les dades que tens, series capaç de dir de quin vessant europeu forma part el Danubi? Per què ho saps?

- Com que ja tens molta informació sobre aquest riu, et serà fàcil deduir per què es diu que...

**«El Danubi és el riu més europeu de tots els que hi ha al nostre continent».**

Com has pogut veure, els rius tenen història.
Però, sabries explicar què és la història?

- Ordena les etapes de la història.

EDAT MITJANA

EDAT CONTEMPORÀNIA

EDAT ANTIGA

EDAT MODERNA

PREHISTÒRIA

- Ara, us proposem un repte: compondre el rap dels rius.
  - Escolliu el ritme del rap.
  - Escriviu-ne la lletra, que ha d'estar relacionada amb els rius.
  - Inventeu-vos una coreografia.
  - Quan ho tingueu tot a punt, canteu-lo a classe.

| REFLEXIONO SOBRE EL MEU TREBALL | MAI | DE VEGADES | SEMPRE |
|---|---|---|---|
| He comprovat que els rius formen part de la història dels éssers humans. | | | |
| He ordenat les etapes de la història. | | | |
| He comprès la importància del riu Nil a l'antic Egipte. | | | |
| He esbrinat dades sobre alguns rius europeus. | | | |

En aquesta tasca el que més m'ha agradat ha estat:

3

# ACABEM EL PROJECTE

# JORNADA DE SENSIBILITZACIÓ PER PROTEGIR ELS RIUS

Tasca a tasca heu superat els reptes plantejats i heu descobert com són de valuosos els rius per a tots els éssers vius.

Heu après com són, us heu implicat en els problemes que pateixen i fins i tot heu proposat mesures per millorar-ne les condicions.

En definitiva, us heu convertit en petits experts en el tema. I ara és el moment de donar a conèixer tot el que sabeu i de reforçar el vostre compromís amb els rius. Per fer-ho, us proposem que organitzeu una jornada de portes obertes per explicar per què és important conservar i protegir els rius.

Esteu preparats? Doncs som-hi!

Una jornada és una espècie de reunió que dura un dia en la qual es desenvolupen activitats diferents amb un objectiu; en el vostre cas, sensibilitzar altres persones sobre la necessitat de protegir els rius.



**En primer lloc, penseu un títol per a la jornada. Feu una llista amb totes les propostes i trieu la que cregueu més adequada. Després, dissenyeu un cartell.**

Recordeu: un bon títol ha de ser atractiu, cridar l'atenció i descriure en poques paraules el contingut de la jornada.

I JORNADA PER A LA PROTECCIÓ DELS RIUS

«Els rius són vida»

**Quan:** Dijous 23 de juny.

**On:** Escola Els tres pins. Aula 12 A.

**Per què:** Perquè tots en som responsables.

*Us hi esperem!*

Ara és el moment en què establiu què necessiteu per celebrar la jornada. Feu una llista amb totes les idees.
Per exemple, penseu en:

**ON CELEBRAREU LA JORNADA?**

- A l'aula?
- A la sala d'actes de l'escola?
- Al gimnàs?...

**QUAN?**

- Al final del trimestre?
- Abans de les vacances?
- Aprofitant una festa de l'escola?...

**QUI EN SERÀ EL PÚBLIC?**

- Alumnes i professors d'altres cursos?
- Familiars i amics?
- Institucions, mitjans de comunicació?...

**QUÈ FAREU**

- Exposicions?
- Xerrades o presentacions?
- Tallers?...

**COM INFORMAREU DE LA JORNADA?**

- Amb cartells?
- Amb invitacions?
- Repartint anuncis?...

LA NOSTRA PROPOSTA

**A continuació, us proposem una sèrie de suggeriments que us poden ajudar amb la planificació i l'organització del treball.**

**Podeu ampliar-los amb altres idees o bé realitzar un altre tipus d'activitats.**

No oblideu utilitzar en la vostra jornada tots els materials que heu elaborat durant el projecte.

JORNADA

(Escriviu aquí el títol)

consta de...

**CONFERÈNCIES**

**Per exemple:**

- Feu una llista amb els temes que heu de tractar. Un tema pot ser: «La importància dels rius en les nostres vides».
- Escriviu un guió que us serveixi d'ajuda el dia de la jornada.
- Assageu la conferència i controleu que no sigui molt llarga.

**EXPOSICIONS**

**Per exemple:**

- Exposició de fotografies relacionades amb el riu.
- Exhibició de maquetes del riu.
- Mostra de l'*Atles dels rius*.
- Presentació del *Quadern dels habitants del riu*.
- Exposició de quadres que vosaltres mateixos podeu crear amb tècniques diferents: llapis de colors, collages, aquarel·la...

**TALLERS DE JOCS**

**Per exemple:**

- Concurs d'endevinalles sobre els rius.
- Torneig d'aparellats.
- Competició de xapes el circuit de les quals imiti el curs d'un riu...

**Per dur a terme aquesta proposta, penseu on celebrareu la jornada i distribuïu l'espai. Per exemple, podeu plantejar-vos els aspectes següents.**

- On s'asseurà el públic?
- On us col·locareu per a la conferència o presentació?
- Quin espai necessitareu per a les exposicions?
- On se celebraran els tallers de jocs?

**Ja sabeu que no hi ha res com un bon començament. Prepareu una activitat inicial per despertar l'interès del públic. Aquí teniu una idea.**

- Recordeu les notes adhesives amb els problemes dels rius? Prepareu un panell i col·loqueu-lo en un lloc molt visible de la sala. Quan el públic estigui assegut i en silenci, un per un anireu llegint les notes adhesives i us acostareu al panell per enganxar-les-hi. Podeu acompanyar aquesta posada en escena amb la música d'*Al bell Danubi blau*.

**I per acabar, prepareu una fi de festa espectacular, que tot el públic la recordi i que li permeti identificar-se amb el vostre projecte per protegir els rius.**

- Prepareu un espectacle amb un o diversos raps dels que heu creat. Ideeu-ne la coreografia, apreneu-la, balleu-la tots junts al final de la jornada i convideu el públic a unir-s'hi.
- Com a complement, podeu anar vestits amb samarretes dissenyades per vosaltres, amb la vostra mascota i l'eslògan o amb la imatge del vostre superheroi defensor dels rius.

**Ja sabeu quines tasques realitzarà el vostre equip. Ara, decidiu com us organitzareu per dur-les a terme.**

TASQUES DE L'EQUIP

LES MEVES TASQUES

# QUÈ HE APRÈS?

Escriu el que consideris més important en cada cas.

**Sobre el cicle de l'aigua i els rius**

**Sobre el que obtenim dels rius**

**Sobre la protecció dels rius**



Ordena les fases del cicle de l'aigua i descriu-lo.

- ◯ El vapor d'aigua es condensa i forma els núvols.
- ◯ L'aigua dels núvols cau a la terra en forma de pluja, neu o calamarsa.
- ◯ Els rierols i els rius porten l'aigua al mar de nou.
- ◯ L'aigua del mar s'evapora.
- ◯ Una part de l'aigua es filtra pel sòl i forma les aigües subterrànies.
- ◯ Els núvols es mouen amb el vent.

Completa el mapa, escriu el nom dels rius i encercla el nom dels que passen per Catalunya. Després, acoloreix els vessants segons la llegenda.

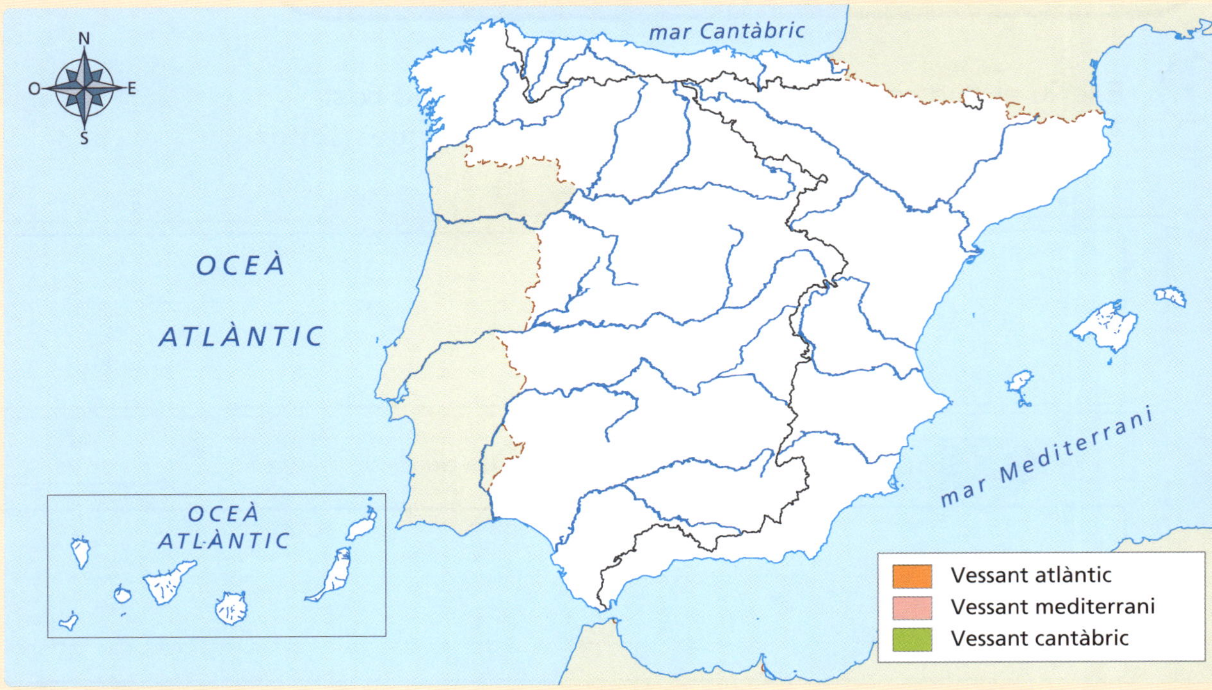


Explica en què s'assemblen i en què es diferencien.

| EN QUÈ S'ASSEMBLEN? | | EN QUÈ ES DIFERENCIEN? |
| --- | --- | --- |
| | riu i afluent | |
| | llac i pantà | |
| | conca i llit | |

# VALORACIÓ PERSONAL

## EL MEU TREBALL

Analitza el treball que has fet i completa el qüestionari.

**Què t'ha semblat el projecte?**

**Què t'ha agradat més? Què t'ha agradat menys? Explica les respostes.**

**Amb quines dificultats t'has trobat? Com les has superades?**

**Quines altres coses t'hauria agradat fer?**

**Has ajudat l'equip de manera adequada? Quina ha estat la teva aportació per a la realització del treball final?**

**Per a què pots fer servir el que has après en aquest projecte?**

## EL TREBALL DE L'EQUIP

**Com valores el treball que ha fet el teu equip? Pensa-hi i marca en cada cas l'opció que consideris més adequada.**

### NIVELLS D'ASSOLIMENT

| | REGULAR | BÉ | EXCEL·LENT |
|---|---|---|---|
| **ORGANITZACIÓ DE L'EQUIP** | ☐ Hem necessitat ajuda per repartir-nos el treball. | ☐ Hem tingut alguna dificultat per repartir-nos el treball. | ☐ Ens hem repartit el treball adequadament. |
| **COL·LABORACIÓ DE L'EQUIP** | ☐ Alguns companys han treballat molt poc. | ☐ Alguns hi han col·laborat més que d'altres. | ☐ Tots hi hem col·laborat de la mateixa manera. |
| **APROFITAMENT DEL TEMPS** | ☐ Ens ha faltat temps per acabar quasi totes les tasques. | ☐ Ens ha faltat temps per acabar algunes tasques. | ☐ Hem acabat les tasques en el temps previst. |
| **RESPECTE ENVERS ELS COMPANYS** | ☐ Ens hem interromput molt mentre parlàvem. | ☐ De vegades no hem escoltat les opinions dels altres. | ☐ Hem tingut en compte totes les opinions. |
| **SUPORT ENTRE ELS COMPANYS** | ☐ Cada un ha treballat sense tenir en compte els altres. | ☐ Alguns companys han ajudat els qui ho necessitaven. | ☐ Tots ens hem ajudat els uns als altres. |

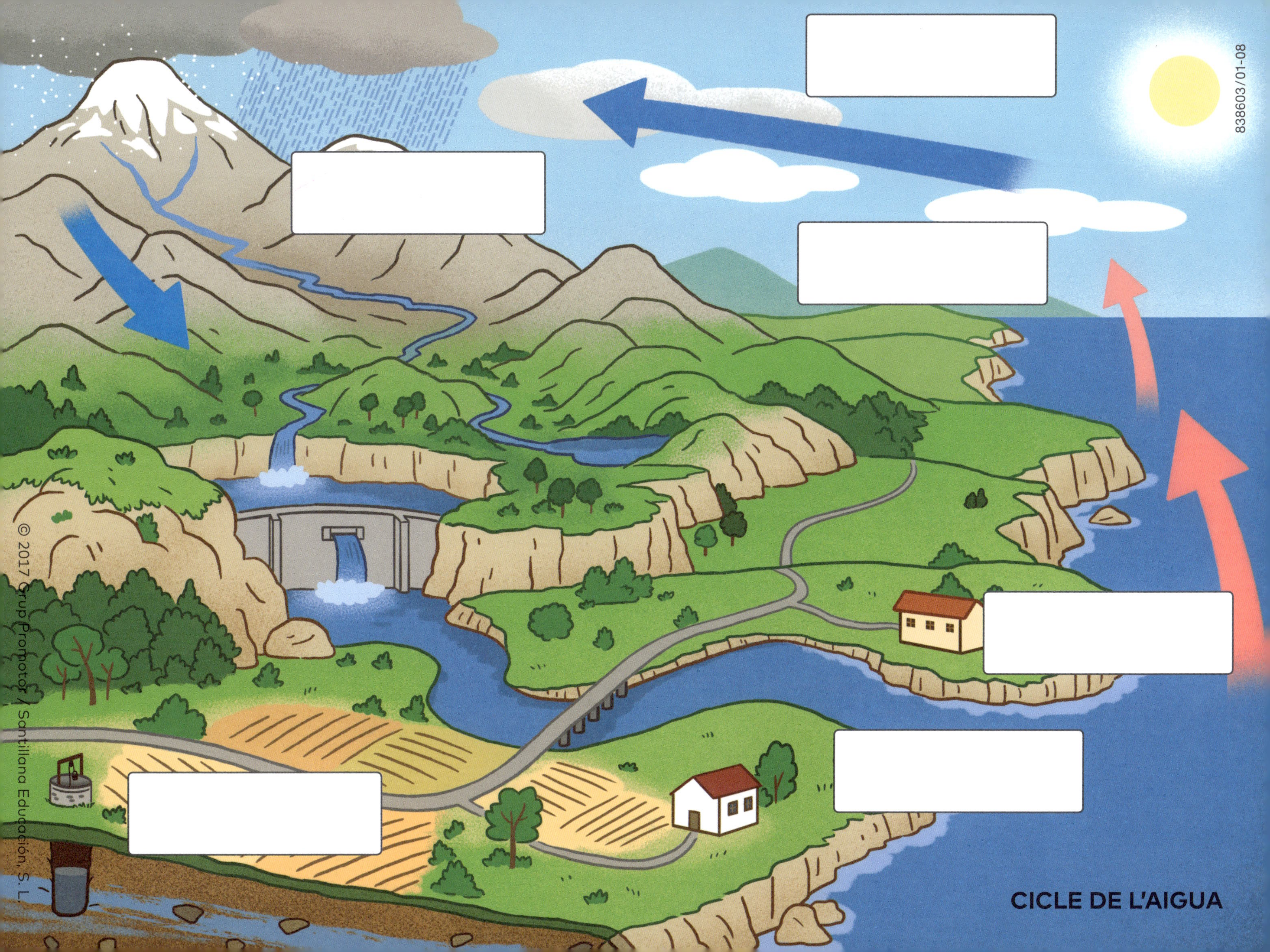
CICLE DE L'AIGUA

838603/02-08

AQUÍFER: ______

AFLUENT: ______

CURS ALT: ______

CURS BAIX: ______

CURS MITJÀ: ______

DELTA: ______

EMBASSAMENT O PANTÀ:

GLACERA: ______

LLAC: ______

MEANDRE: ______

NAIXEMENT: ______

RIU: ______

838603/03-08

RIUS DE CATALUNYA
N
O
E
S
mar Mediterrani
Riu
Límit territorial
838603/04-08

# RIUS D'ESPANYA

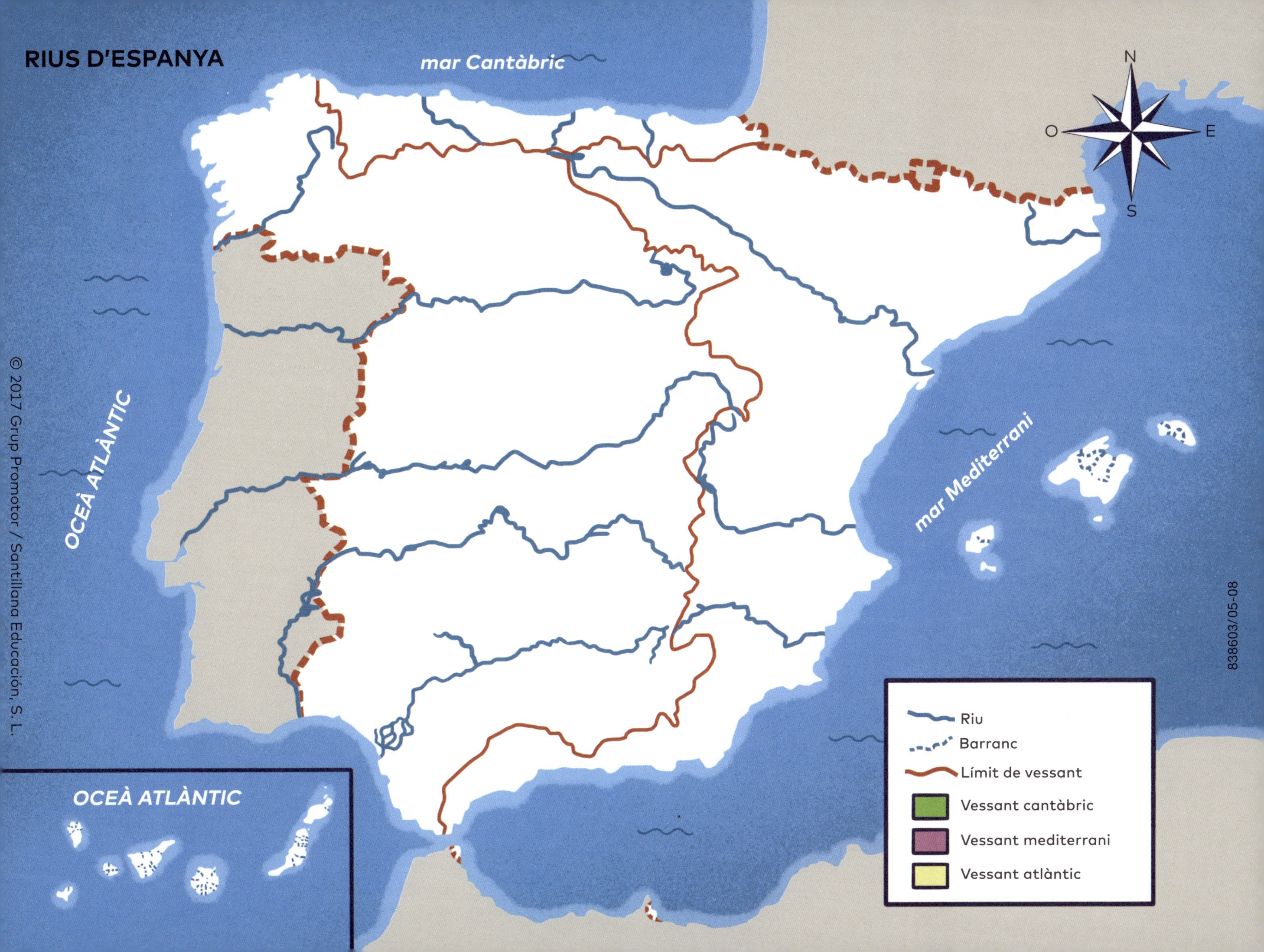


838603/05-08

# EL RIU I ELS TREBALLS

838603/06-08

# PARCS NATURALS DE CATALUNYA

838603/07-08

# PARCS NACIONALS D'ESPANYA